Imagine un arbre

Barbara Reid

Texte français de
Hélène Pilotto

Éditions
SCHOLASTIC

Les illustrations de ce livre ont été réalisées avec de la plasticine
mise en forme et pressée sur du carton à dessin.
De la peinture a été utilisée pour créer des effets spéciaux.

Photographie : Ian Crysler

Catalogage avant publication de Bibliothèque et Archives Canada

Reid, Barbara, 1957-
Imagine un arbre / écrit et illustré par Barbara Reid ; traduit par Hélène Pilotto.
Traduction de: Picture a tree.

ISBN 978-1-4431-0762-4

1. Arbres--Ouvrages pour la jeunesse. 2. Livres d'images pour enfants.

I. Pilotto, Hélène II. Titre.
QK475.8.R4514 2011   j582.16   C2011-902376-8

Édition publiée par les Éditions Scholastic, 604, rue King Ouest,
Toronto (Ontario) M5V 1E1 CANADA.

6 5 4 3 2 1   Imprimé au Canada 114 11 12 13 14 15

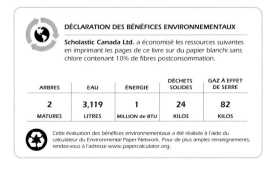

DÉCLARATION DES BÉNÉFICES ENVIRONNEMENTAUX

Scholastic Canada Ltd. a économisé les ressources suivantes
en imprimant les pages de ce livre sur du papier blanchi sans
chlore contenant 10% de fibres postconsommation.

ARBRES	EAU	ÉNERGIE	DÉCHETS SOLIDES	GAZ À EFFET DE SERRE
2	3,119	1	24	82
MATURES	LITRES	MILLION de BTU	KILOS	KILOS

Cette évaluation des bénéfices environnementaux a été réalisée à l'aide du
calculateur du Environmental Paper Network. Pour de plus amples renseignements,
rendez-vous à l'adresse www.papercalculator.org.

Pour Ruby

Un arbre, c'est tant de choses…

3

Sur la toile du ciel,
c'est un dessin géant.

5

C'est un jeu de miroirs,
à peine déformants.

C'est une petite
touche de couleur…

8

ou plein de
couleurs en même
temps!

9

10

C'est un tunnel, un océan…

ou un immeuble
très accueillant!

13

C'est un bateau
de pirates,

la grotte d'un
ours menaçant,

14

un lieu de rendez-vous,

un confident.

C'est un abri rafraîchissant

16

qui protège du soleil ardent.

17

Il y a des bébés arbres,

des arbres enfants,

des arbres adultes,

des arbres
grands-parents.

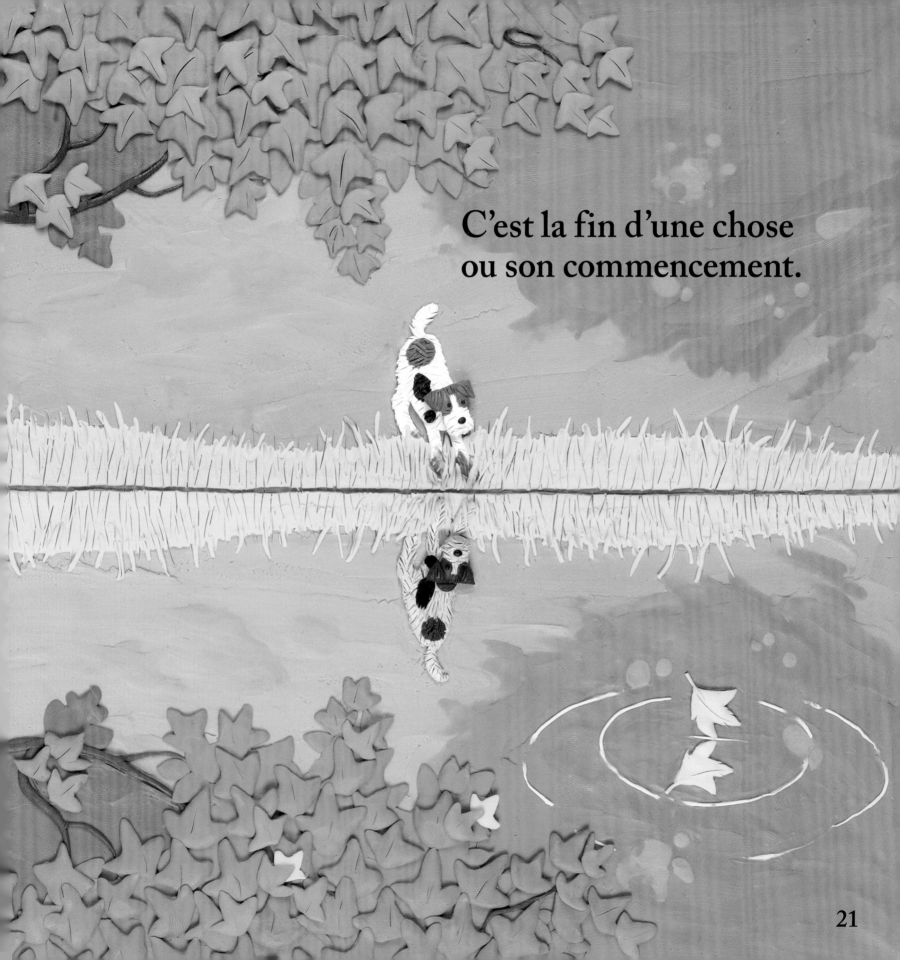

C'est la fin d'une chose
ou son commencement.

21

C'est un au revoir à l'été,
follement amusant!

C'est un soupçon
de clarté…

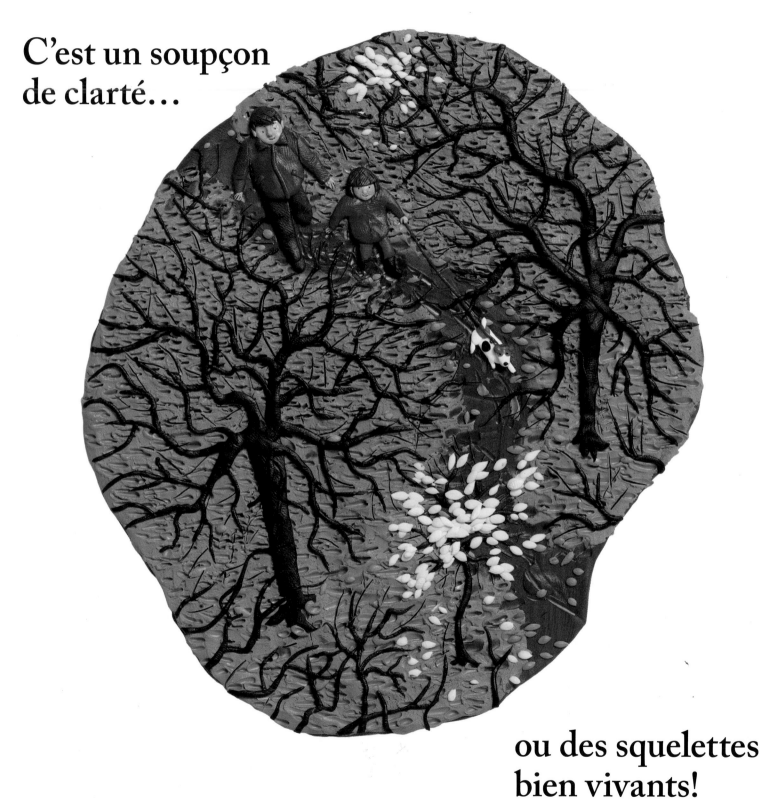

ou des squelettes
bien vivants!

Et même si certains arbres
se déguisent l'hiver durant…

au cœur de chacun d'eux

une nouvelle vie attend le printemps.

Imagine un arbre. Que vois-tu?